W0217296

A Myriam,
bonne lecture de ces
"ailleurs"
divers
et
poétiques.

Nicole Goujon

ÉCHAPPÉE D'HISTOIRES

Les ailleurs

Nicole
oct. 2023

Les Éditions des Soleillants

ISBN : 9798398796131

Les ailleurs

Gros soupir

L'idéal du blanc

Rendez-vous avec l'enfance

Salle d'attente

Ombre Bleue

En froid

Marée basse

Myster Style

Le mille-pattes

Les ailleurs

Ses enfants sont partis…
quelques semaines déjà
quelques mois peut-être
ou d'avantage
Son mari aussi
Aucune nouvelle.

Elle se tient là, assise, pétrifiée, hagarde.
Là, sans qu'elle puisse dire où…

Des voix ont empli sa tête et se sont mises à bavarder. Certaines viennent de loin. De très loin. De là où les voix racontent de merveilleuses histoires, de fabuleux voyages, de riches contrées, d'illustres héros, d'amants magnifiques.

Elle n'est jamais allée « là-bas ». Cependant elle y habite déjà. Où ?... La question échappe.
Circulaire et sans limite, son là-bas ne se définit pas.
Son ailleurs tourne en boucle.
Un vent fou l'a expulsée de son clos protecteur et l'a effacé.

Des heures à fixer le lointain.
Des yeux qui, désormais, ne distinguent plus rien.
Voyageuse intérieure, aventurière immobile, elle arpente les vastes domaines, des ailleurs prodigieux.

Mais d'autres voix bavardent aussi dans sa tête...
Elles viennent de temps et d'espaces sans nom.
Elles viennent de là où les voix s'affrontent et dévident d'autres histoires, déroulent d'autres scénarios, d'horribles récits, d'atroces nouvelles, d'où personne ne sort vivant.

Elle en tremble, mais s'y aventure souvent.

En panique, elle franchit les limites de son monde.
Des ombres dérobent ses hommes.
Son ailleurs s'emplit du crépitement lointain de la fusillade et résonne des bombardements sourds, des éclats de métal, et des explosions de la terre.

La douleur l'anesthésie, lui clôt les paupières.
Elle grimace ce monde qui la rend folle.
Elle grimace cet acharnement sauvage.
Les traits de son visage dessinent une géographie de l'effroi.
Un tourbillon de tourment et de douleur.

Elle a la nausée, se cramponne fermement à sa chaise, le temps que ça passe, et avant que ça ne reprenne.
Car, oui, ça passera
et ça reprendra
régulièrement

Voici que filtre une nouvelle accalmie où elle embrasse son mari, cajole ses fils, glisse dans une barque magique, brillant de mille feux sous les étoiles pour le plus fabuleux des voyages.
Un ailleurs de repos, de douceur et de féérie.
Elle est restée cette gamine éblouie par les boules de Noël et les lumières des néons.
Un ailleurs guimauve.
Elle chavire de plaisir, de légèreté et d'insouciance.
Ses traits dessinent une verte vallée de rires et de jeux.

Mais soudain, tout craque..., et voici que déferlent des torrents sauvages, ravageant sa quiétude, arrachant son émerveillement. La barque se fend, s'éventre. L'air s'emplit de vacarme. Le crépitement des armes menace, tout proche. Les tirs ébranlent la terre qui crache ses pierres et ses cendres.
L'ailleurs devient cauchemar !

Un cauchemar, là, maintenant, dans sa tête, qu'elle tient de ses deux mains.
De nouveau les voix qui bavardent, haussent le ton, se chevauchent, s'invectivent, et se mêlent aux détonations, canonnades, et explosions…

C'est infernal !

D'un bond elle quitte sa chaise, corps raidi, tendu.
Elle hurle les noms de ses hommes disparus.
Elle hurle à se déchirer les cordes vocales
à se défigurer
à n'être plus qu'un cri.

Enfin les voix se taisent…
Epuisée, dévastée, elle se sent reprise par un flot d'images lumineuses et envoûtantes.
Peut-être, ailleurs, trouvera-t-elle le sommeil ?
Ça fait si longtemps…

…

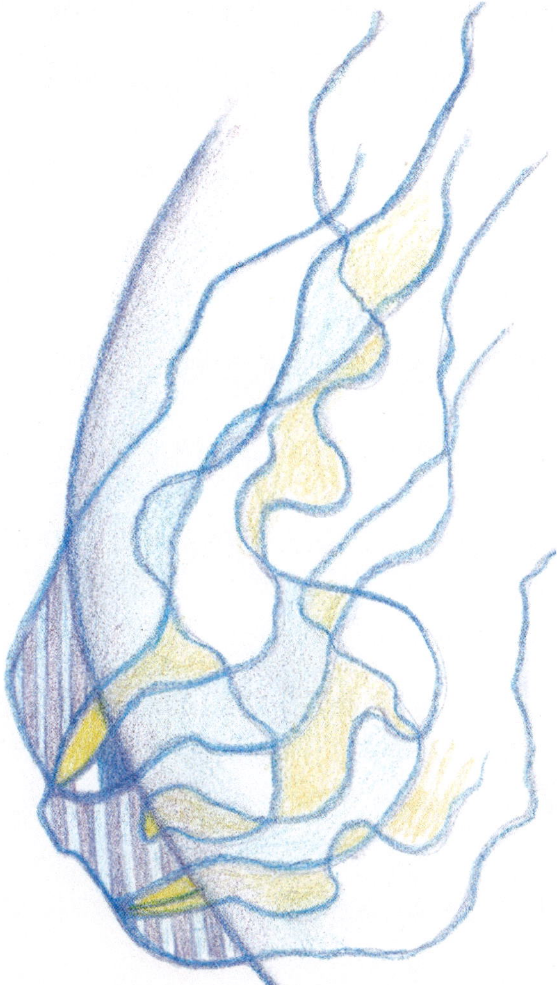

Gros soupir

J'aurais pu pleurer, implorer... mais non, j'ai poussé un Gros Soupir !

Je fus surpris, sidéré devrais-je dire, de l'avoir laissé échapper, qu'il soit sorti à mon insu, au dépourvu, sans que je saisisse ce qu'il signifiait. Sans doute étais-je incapable de me contrôler ou de réagir en la circonstance. Je ne me souviens pas avoir poussé un tel soupir auparavant. Sans doute n'en avais-je pas eu l'occasion.

Il est sorti au moment précis où Elle m'annonçait qu'Elle me quittait. Que cette fois c'était sérieux, sans retour possible, et que je l'avais bien cherché.

Ce Gros Soupir, je l'ai senti monter très vite et m'échapper.

Quand un soupir est poussé, inutile de supplier « reviens ! », trop tard, il a déjà pris sa liberté !

Soupir mystérieux, venu de profondeurs inconnues.
Ma curiosité en fût aiguisée car, du fait de son unicité, mon Gros Soupir me parut aussi énigmatique que précieux.
En fait je ne sus dire...
ce qu'il traduisait ou trahissait,
ce qu'il venait ponctuer ou conclure,
s'il signait ma tristesse ou ma lassitude,
s'il disait tout simplement « aïe ! » ou « enfin ! ».
Il était en quelque sorte le dernier cadeau que je lui faisais, ou peut-être... le premier ?

Cependant, face à Elle, mal à l'aise - *comment allait-elle l'interpréter ?* -, j'ai immédiatement plongé aux sources de mon Gros Soupir pour savoir comment me comporter.
C'est alors que tout s'est compliqué...

Je suis si vite descendu au plus profond de moi-même que j'ai atterri dans mon sous-sol. Je n'avais jamais pris le temps de l'explorer, et, à mon grand étonnement, je découvris une « Chambre des Soupirs ! ».

Une chambre pleine, archipleine de soupirs de tous âges, de toutes tailles, entassés, enfermés depuis ma prime enfance, et qui n'avaient jamais réussi à s'évader.
Gonflés de troubles et d'émois de toutes natures, ils se pressaient contre le soupirail pour tenter de voir à l'extérieur. Ils poussaient de toutes leurs forces, mais le soupirail tenait bon ; il bandait les muscles de ses ferrures qui arquaient mais retenaient encore la foule des soupirants à la liberté.

Soudain, stimulés, excités par la sortie du Gros Soupir – *lui, il a réussi... pourquoi pas nous ?* -, la masse des soupirs fit une pression telle que le soupirail ne put résister et céda sous la poussée. « Aïe, vous me faites mal ! », soupira le soupirail. Mais les soupirs, totalement sourds, s'engouffrèrent vers la sortie.

Ils virent le Gros Soupir assis près d'une sorcière solitaire *(souvent les sorcières s'installent ainsi dans les histoires).*
Une sorcière
tout sourire
soufflait sur une soupière
d'où sortit une souris squelettique.
Quelques sordides soupirs y stagnaient
et souffraient en silence.

Et c'est devant ce spectacle bête à pleurer que je me surpris à pousser mon second Gros Soupir ! Cette fois-ci, j'en compris la raison. Soupir de déception, de désappointement, de désolation, tant cette histoire était navrante, affligeante, stupide, et tant elle faisait diversion au « pourquoi » de mon premier soupir.

Celui que j'ai poussé quand la femme de mon cœur m'a quitté, quand Elle m'a dit que tout était fini à tout jamais, et que le Gros Soupir se plaça entre nous,

masquant mon incapacité à réagir
mon incapacité à sourire

car après tout

peu de chose sépare le soupir du sourire...

Mais le sourire n'était vraiment pas de circonstance, et les mots ne sont pas arrivés à temps.

Le soupir fût plus rapide et les a tous devancés.

Tout naturellement, j'en conclus que mon Gros Soupir se résumait à une simple histoire de vitesse, et j'en fus soulagé.

L'idéal du blanc

Mince ! A peine ai-je écrit le titre que voilà une grosse tache qui s'étale sur ma feuille ! Un pâté devrais-je dire ! Bon..., je mets du blanc, je cache, et je poursuis

C'est la robe de mariée l'élément liminaire du récit.
Comme au cinéma, le blanc franchit le seuil de la maison, pénètre l'intimité, porté dans les bras puissants du mari.
Une promesse de bonheur !

Passées les premières nuits blanches, la femme engage vite des travaux domestiques. Sensible à l'insidieuse autorité publicitaire, la jeune et jolie fée enfourche le balai de la sorcière...

et voilà que la femme de méninges se double d'une femme de ménage, décidée à réaliser l'idéal du blanc : laver, récurer, javelliser, shampouiner, blanchir du sol au plafond comme la tornade vue à la télévision.

... et toujours ce stylo qui fuit, qui laisse des traînées ! Bon, je passe au crayon noir

Pour tenter de minimiser ses efforts, elle déroule une litanie de précautions et d'avertissements qui se multiplieront à l'arrivée des enfants :
attention à ta chemise !
essuie tes pieds en entrant !
ne renverse pas !
éponge vite la tache !
ne laisse rien traîner,
ramasse-range-remet à sa place...

Que tout soit net, propre, impeccable, sans trace et sans reproche ! Une maison étincelante qui éblouira famille et amis. Bing !

… ma feuille n'est que ratures et griffonnages ! Les mots cochonnés deviennent illisibles ! Donc je gomme, je gomme, j'essaie d'éliminer, de nettoyer…, que ce soit un peu plus clair

En parfaite contrôleuse du blanc et du propre, elle perfectionne des gestes séculaires, maniaques, obsessionnels, automates.
Au comparatif, parfois elle atteint
juste « un blanc-gris »
souvent « un blanc de blanc »,
et de temps en temps « un plus blanc que blanc » !

Voyez ces draps-torchons-serviettes-chemises impeccables, ces éviers-lavabos-douches-carrelages brillants de mille feux ! Que la vie est belle dans ce blanc immaculé, *miroir mon beau miroir dis-moi…*

Les cuisine-salle-de-bains-toilettes ressemblent à des laboratoires, contrôlés, aseptisés, cliniques, règne de l'hygiène chirurgicale.
Elle opère avec des gants, à coups de lessives, de récurrents, de détergents, de désinfectants.
Elle chasse l'impureté, le microbe et autres bêtes noires ! Que rien ne vienne « plus jamais » entacher ce bel idéal !

Mais, en la matière le « plus jamais » n'est qu'un rêve, ou un cauchemar ! Le blanc tyrannique exige un incessant retour à la case départ, un épuisant recommencement, une contrainte quotidienne.

Voyez Sisyphe dans l'intimité de sa Maison Blanche
Sisyphe frottant le sol
Sisyphe les mains dans la bassine
Sisyphe actionnant ses robots domestiques
Sisyphe aux cheveux blancs avec son idéal déçu de grande lessive et de paradis immaculé.

... et pendant ce temps, je continue de biffer, de barbouiller ma page comme une enfant malpropre. Ce qui me rassure c'est de savoir que, toutes ces traces et tout ce noir-cracra disparaitront ! Quand mon texte passera à la lessiveuse de l'ordinateur, il sortira tout beau-tout propre ! Les mots, les paragraphes seront sagement alignés, ménageant le blanc des interlignes. Et le manuscrit cochonné, lui, passera à la poubelle. Ni vu ni lu !... A la lecture, on pensera que l'autrice n'a connu ni hésitations ni repentirs...
Elle rejoindra les rangs des travailleuses au noir !

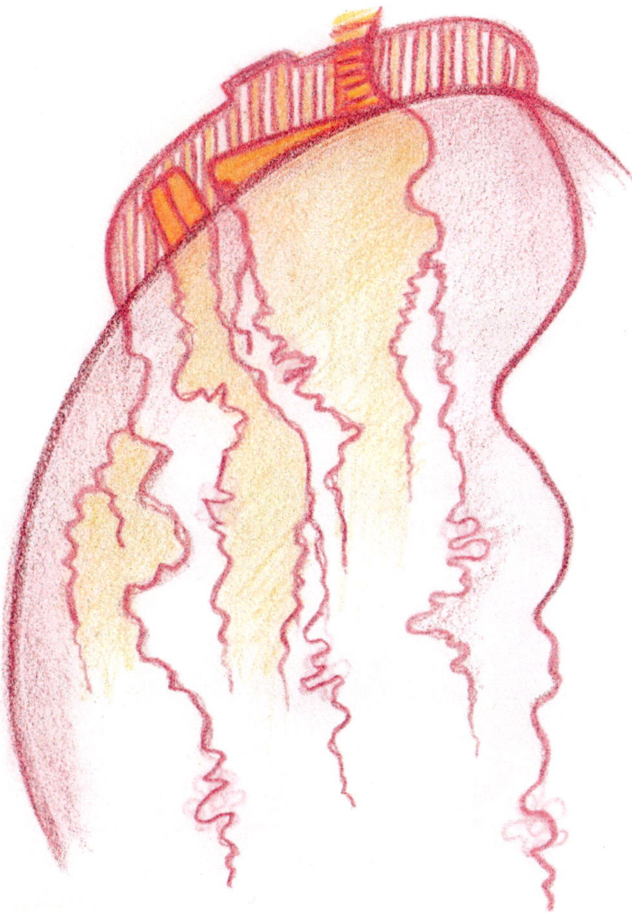

Rendez-vous avec l'enfance

Maintenant qu'elle voit se dessiner l'horizon de sa vie, son enfance fait souvent retour. Les lumières et les ombres de son passé s'enfilent, s'entassent, avec, de temps en temps, un flash, la fulgurance d'un éclair.

Elle aimerait arrêter ce flux, stopper l'hystérie, figer une image, fixer un instantané, rejouer une scène, revivre une sensation. Oui, reprendre le cours de ces jeunes années, donner rendez-vous à la fillette qu'elle a été.
Pas à l'écolière, de celle-là elle s'en souvient très bien, mais à la petite fille, à l'enfant tout simplement. Celle qui a eu quatre ans, puis très vite dix ans...

... L'enfant de ses parents.

Elle lui donne rendez-vous la nuit, surtout la nuit, quand rien ne s'oppose à la rencontre.
Elle la retrouve...
à la rivière où l'eau glacée emporte les moulins
la boulangerie où l'odeur du pain chatouille les narines
l'église où les genoux impriment le bois du prie-Dieu
la cuisine où la famille encercle les plats
la cour où les pieds raclent les feuilles mortes.

Elle reconnait la petite-fille qu'elle a été et la salue.

Quelques photos, maigres jalons de son histoire, la situe dans ces années-là. Elle collectionne ces moments, ces bouts, ces embryons d'épisodes, un par un, comme on fait un bouquet

Mais son enfance, ce qu'on appelle « l'enfance »,
cet englobant de fragilités et d'émotions

ces années d'insouciance gaspillées à s'amuser
à faire des caprices parce qu'on se sait protégé
à s'aventurer parce qu'on se sait assisté...

ces années où on est à l'abri de la réalité
dispensé de responsabilités
où d'autres se tourmentent et décident pour vous...

ces années que les jupes de la mère enveloppent
que les bras du père apaisent...

ces années-là, joyeuses et joueuses,
s'absentent systématiquement de ses rendez-vous.
Cette enfance-là, s'obstine à ne pas se présenter.

Cette part d'elle-même serait-elle enfouie, effritée, effacée ?
A-t-elle existé ? Elle l'ignore...

En revanche, il est des rendez-vous faciles et toujours honorés, ceux avec la gamine qui s'entend dire

Tu es grande ma fille !...

Jamais on ne lui a dit

Tu es petite, tu es trop petite...

Non !

Tu es grande maintenant !...

Maintenant ! De quand datait ce « maintenant » ? Il lui semble que le maintenant a toujours existé. Eternel présent. *Grande fille !...* Une grande qui est passée à saute-mouton par-dessus la petite !

Inutile de donner rendez-vous à la petite de ses rêves, peine perdue, il semble bien qu'elle ait disparue sous la grande.

Ecrivant ces lignes, elle n'évoque ni négligence, ni malveillance, mais plutôt une confiance mal placée ou trop tôt accordée…

> *et voici une enfance sur le qui-vive*
> *assurant sa propre défense.*

Alors, la tentation d'une reconstitution, d'un rendez-vous sur la page où elle écrit s'insinue doucement… Faut-il inventer ? Inventer maintenant cette enfance qui n'a peut-être pas eu lieu ? La faire apparaître ? Ecrire un souvenir qui n'a jamais existé ? L'imaginer ?
Prendre maintenant rendez-vous avec l'enfant qu'elle n'a pas été ?...

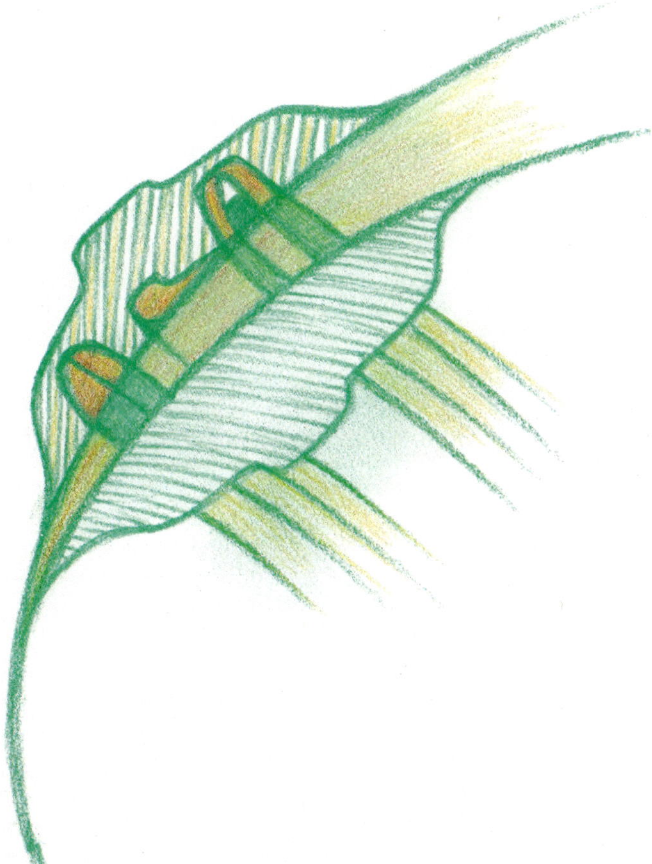

Salle d'attente

« Désolée, vous allez devoir patienter un moment..., le docteur a pris du retard..., une urgence... »

J'ai le souffle court... Le stress... Le cœur...
La salle d'attente est pleine. L'atmosphère lourde.
Reste un fauteuil.
Les regards se font complices et compatissants.

Certains patients s'impatientent, soupirent, fouillent dans leur sac, tripotent leur téléphone, feuillettent des magazines, lèvent les yeux, tandis que d'autres les ferment, méditent, baillent, somnolent, essaient de s'abstraire, d'oublier que *« c'est beaucoup, beaucoup trop long ! »*...

... et moi, je me cale sur ma chaise. Je reprends mon souffle. Je vais devoir attendre, et cette perspective me plait, me réjouit même !

Enfin une pause, une pause forcée certes, mais quel cadeau ! De longues minutes, que dis-je, une heure à attendre... et peut-être plus ? N'avoir qu'à laisser couler le temps !... Un temps soustrait à un planning où je n'ai d'ordinaire pas une minute à moi ! Mais quel chanceux, quel veinard ! Un arrêt, un sas, un luxe dans ma vie de fou hyper actif ! Un plaisir inespéré qui balaye les embarras !

Certains pestent et culpabilisent de perdre leur temps (*le temps c'est de l'argent,* je le dis souvent), mais cette attente-là, maintenant, n'a pas de prix ! Enfin, à huis clos, à l'insu de tous, égoïstement, pouce !, je fais une pause, je me détends, je me repose, oui, je me repose !

En retrait, au fond de mon siège, je respire calmement et je souris. Je plains mes voisins de se crisper, de persister dans leur contrariété et leur agacement. J'évite leurs regards.

J'attends le médecin, et le médecin sait que je l'attends, donc aucune surprise, aucune tension !
Disponible, flottant, je savoure ce moment où je ne fais rien, où je ne pense à rien, ni à l'important, ni aux importuns. Je n'y suis pour personne. J'attends, tout simplement.

Bien sûr je serai très en retard à mon prochain rendez-vous. On m'attendra, on s'impatientera, on me blâmera. Qu'importe, j'aurai une excuse « *J'étais chez le médecin. J'ai dû attendre deux heures ! Oui deux heures ! Comme si je n'avais que cela à faire !* »
Evidemment, un moment comme celui-là ne se raconte pas ! Je cacherai le grand bonheur de cette immobilisation, quand le tourbillon de ma vie s'est arrêté, que plus rien n'a existé autour de moi, que je me suis relâché, pleinement conscient de ce repos. Oui, pleinement conscient de ce repos, ce que même la nuit ne m'accorde pas, puisque je dors...

La lumière du jour baisse ; mon aventure solitaire glisse vers sa fin. Chaque fois que le médecin ouvre sa porte, un patient disparait... il fallait s'en douter ! La parenthèse se referme.

Encore trois, puis deux..., plus qu'un !..., et..., et spontanément, je propose à la patiente arrivée après moi et qui martyrise sa montre, de passer avant moi
« Oui, allez-y, je vous en prie...
Non non, je ne suis pas pressé ! ».
Elle est si heureuse... et moi donc !

Je sais…, je me leurre moi-même en jouant ainsi les prolongations. Mais ce supplément m'a donné des ailes. Et voici que, sans que ma volonté y soit pour quelque chose, je m'éjecte de mon siège, me dirige vers la sortie et me voilà dans la rue !

Je vais beaucoup mieux !

La salle d'attente est un traitement épatant !

Je le recommande.

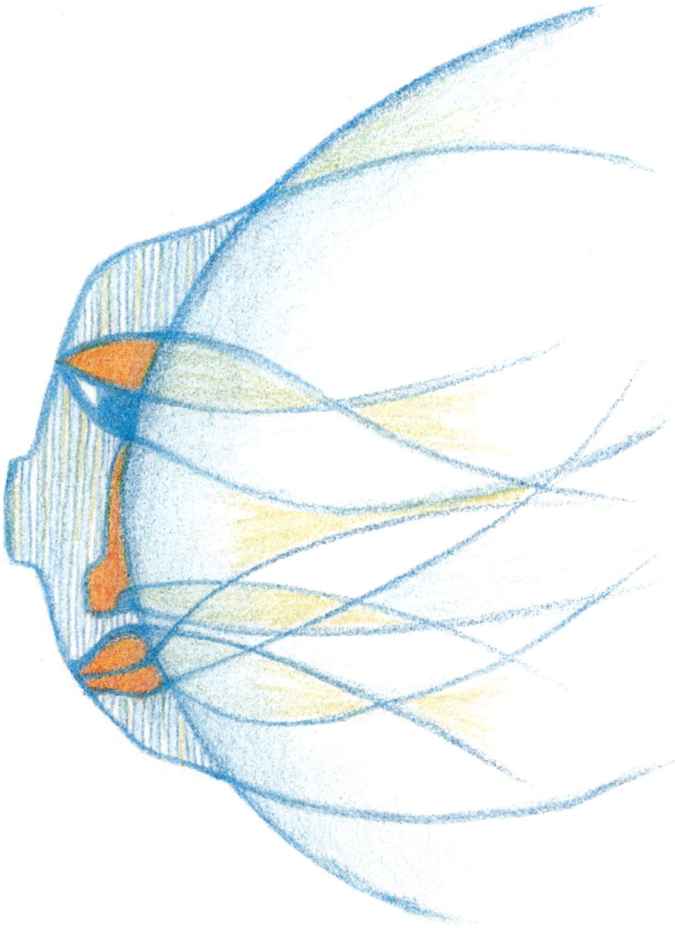

Ombre Bleue

L'ombre était libre...
L'ombre était bleue...
Elle dût se justifier !

Le Tribunal de l'Ombre ne connaissait que les ombres dépendantes, contraintes, liées aux corps.
En outre, il ne connaissait que les ombres noires, les opaques, et, à la rigueur - parce qu'il y avait eu jurisprudence - les noirâtres et les marronnasses. Mais les bleues, jamais vu ! Inacceptable !

« Ombre Bleue, tu es suspecte ! Tu es flottante, et tu es bleue ! File au cachot ! Reprends ta place, rattache-toi à ton porteur, et revêts notre couleur à tous ! ».
Cependant, une voix s'éleva qui demanda que parole soit donnée à Ombre Bleue, « que l'on comprenne le pourquoi de ce double délit de non-conformité. »

(Toutes les nuits, les sentinelles patrouillent. Et comme si l'ombre de la nuit ne suffisait pas, ils avancent masqués, bottés, drapés de longs manteaux noirs. Menaçants. Pistant tels des chiens, les rêveurs égarés, les conspirateurs, les débauchés, et les femmes. Ombres du pouvoir, ils sont armés de lampes redoutables. La lumière est traîtresse, violente, et tueuse !)

« Ombre Bleue, les sentinelles t'ont trouvée seule à minuit dans le jardin, séparée de ton porteur ?... Explique !...».

Ombre Bleue frissonna puis déclara

« Messieurs les juges, je ne suis plus une ombre portée.
Je n'ai plus de maître.
Je lui ai faussé compagnie, sans bruit, dans la douceur de la nuit.
Il est rentré seul.
Ainsi détachée, j'ai erré dans le jardin, jusqu'à ce que… »

« Ceci est impardonnable ! Une ombre tient à son maître et ne s'en sépare jamais ! Les ombres ancillaires doivent rester ancillaires ! De plus, tu apparais… bleue ! Double faute ! Explique-toi ! ».

Elle dit
« C'est précisément à l'heure bleue, que j'ai pris ma liberté. Moment merveilleux, féérique, indéfinissable ! Depuis longtemps, je rêvais de m'étirer dans cette fascinante lumière, de me draper de cette étrange beauté. J'en rêvais, et là, tandis que je me fondais dans ce bleu magnétique et éphémère, le doigt de la nuit l'a fixé sur mon corps. Je suis devenue bleue, lumineuse, vibrante, légère. Je me sentais flotter.
Maintenant j'appartiens au royaume de la couleur. Vos hommes ont échoué à me transpercer avec leurs lampes, c'est pourquoi ils m'ont fourrée dans un sac et traînée jusqu'à vous ».

Ombre Bleue s'expliquait avec clarté et avec calme.
Le bleu sombre de ses yeux toisait les juges du Tribunal de l'Ombre.
Elle semblait au-delà de toute crainte, empreinte de la sérénité de l'heure qui l'a vue naître.

Ils en furent troublés... troublés mais résolument sourds à sa sensibilité poétique. Ils crûrent à un canular : ils n'allaient tout de même pas se laisser séduire par des mots aussi naïfs et aussi absurdes que *le doigt de la nuit..., le royaume de la couleur !...* Pour eux, qui fixaient et appliquaient les règles, la culpabilité d'Ombre Bleue ne faisait aucun doute ! Il fallait sévir, trancher ! Mais leurs textes n'avaient pas prévu un tel cas.

De plus, le charme d'Ombre Bleue opérait à son insu...
Peu à peu, le mystère prenait possession des esprits.
Son sourire apaisant, sa fine silhouette aux émeraudes d'entre chien et loup, les obligeaient à cligner des yeux.

Leurs lois, leur sérieux devenus inutiles, ils eurent recours à l'arbitrage d'un physicien qui y perdit sa science,
puis à celui d'un peintre qui en fit le portrait : l'ombre de l'ombre était bleue !...
Personne ne sut dire si cela constituait une preuve, et de quoi ?...
On la jeta donc au cachot ; on la mit à l'ombre.

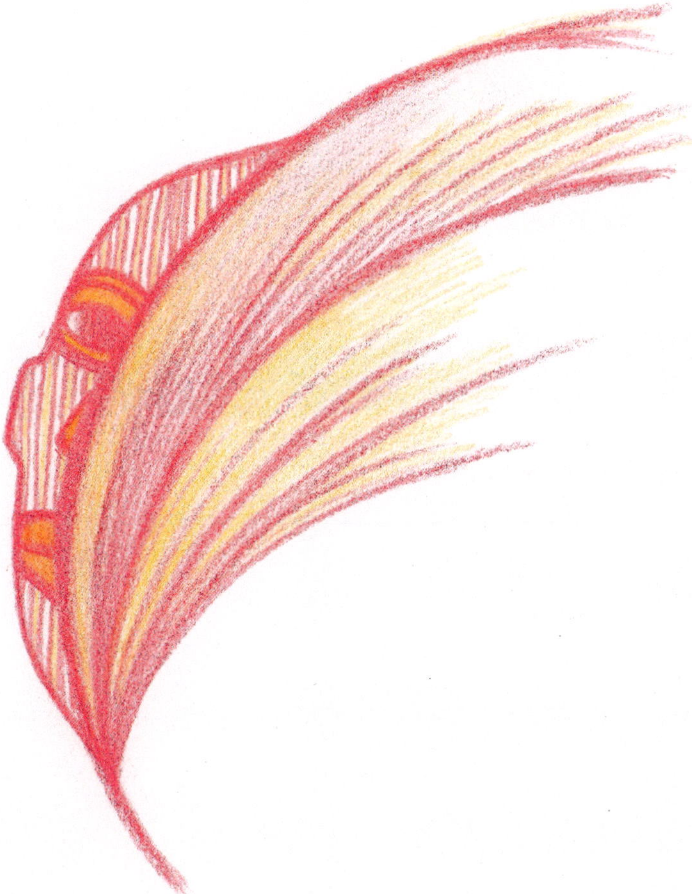

En froid

Maintenant, ils sont couchés sur le dos.
Parallèles
Epuisés
Abattus.
Fixant le plafond.
Ne se frôlent pas
Ne se parlent pas

On voit la ligne blanche du drap qui les sépare
Coupure nette entre deux corps

Ce n'était qu'une broutille, un rien, un malentendu, un désaccord comme tant d'autres, mais cette « chose sans importance » s'est mise à enfler telle une boule de neige dévalant la pente. Très vite, ce « rien » est devenu un *« mais NON, ce n'est pas RIEN !... pas RIEN du tout !... »*

Les mots grincent, piquent, transpercent, déchirent comme des scies...
les explications n'expliquent rien
elles compliquent
elles éloignent

Les mots, d'abord enflammés, volcaniques, retombent, lourds, denses,
se solidifient, pierres de glace qui s'entassent, barre infranchissable.

Les corps prennent leur distance
Le blanc du drap s'élargit
Espace de gel, remparts du vide
Les voici de part et d'autre

dénoués de leurs liens
étrangers à leur complicité
et indifférents au reste du monde

Maintenant, leurs regards se tournent vers l'extérieur.
On les dirait dos à dos si ce n'est qu'entre leurs dos, une tierce personne pourrait se glisser...
Mais ce qui les sépare ne concerne pas cette évocation.
C'est

ce mal-dit-mal-compris
ce rien maladroit
ce rien excessif qui les a opposés, désunis, désaccordés
de plus en plus, désaccordés

Comment faut-il parler pour se faire entendre ?...
Chacun, retranché, avec ses certitudes, ses plaintes, sa rage, a ferraillé, a résisté, et n'a rien laissé passer.
Le seuil du sens a été franchi.
La violence a fait son œuvre.
Chacun garde encore dans la bouche le goût amer des mots et le fiel de leurs sous-entendus.

Oh comme il la déteste à ce moment-là !
Oh comme elle le hait à ce moment-là !
Jamais il n'a autant voulu qu'elle ait tort !
Jamais elle n'a autant souhaité qu'il abdique !
Qu'il s'éloigne !
Qu'elle se rende !

Droits et torts inextricablement mêlés, ils ne vivent plus dans le même temps.

L'autre, l'autre impossible à dominer

et qui pense mal
et qui dit mal
cet ennemi réfugié dans une région inaccessible
celui-là doit être expulsé, disparaître,
disparaître à tout jamais

Chacun a roulé de son côté, s'est accroché au bord du lit, si bien que la limite frontalière, immense et glacée, occupe tout le blanc du terrain.

Banquise infranchissable
Camps retranchés
Corps échoués à distance infinie
Ligotés dans des draps d'orgueil
tels des gisants de marbre.

Le temps épuise...
... n'en finit pas d'étirer leur détresse, d'évaluer les cassures, et de recenser les brèches.

Et voici que, du fond des décombres, de singuliers battements heurtent les cœurs ; leur rythme guerrier s'apaise... Une pulsation sourde et chaude avance inexorablement. Elle éveille des souvenirs piétinés, ravive des étreintes passées et des rires complices, pose de troublants murmures sur les lèvres, et avec subtilité, vient piqueter-chatouiller les mains...

... les mains qui doucement se déplient, étirent les doigts, agrippent, grattent et froissent les draps, progressent par saccades,
tels de gros crabes
qui ont résisté au cataclysme, et qui, hésitants et maladroits, refont leur chemin vers la mer.

Marée basse

Elle monte… elle descend
Elle monte et elle descend
Elle fait ce yoyo depuis si longtemps
Marée haute… marée basse
Inlassablement, depuis le fond des âges
Elle roule, enroule, déroule ses rouleaux et c'est… beau

Elle monte, elle descend
elle descend… descend… descend
Que se passe-t-il ?
Elle descend encore… encore… encore plus bas…
Elle est partie loin… très loin… trop loin…
Elle a filé à l'autre bout de la terre !

Dites, c'est la grande marée ?… la marée du siècle ?… du millénaire peut-être ?…

C'est anormal, incompréhensible ! Elle aurait dû revenir depuis longtemps !…

Vous croyez qu'elle finira par remonter ?…

Rien ne laisse penser qu'elle avait prémédité cette échappée.
Aucun signe avant-coureur.
Pourquoi ne revient-elle pas mouiller la plage, battre les rochers et lécher les pieds nus ?
En avait-elle assez de ces jeux là ?

On croit la deviner là-bas, et on s'accroche à ce mince liseré qui scintille à l'horizon, mais qui disparait déjà.

Elle est passée de l'autre côté.
De l'autre côté !…

Dites, ça ne va pas du tout !...

On ne peut pas la regarder ficher le camp comme ça sans rien faire voyons !...

Faut trouver une solution ! Sauter dans les jeeps ! Foncer dans les camions !...

Y'a pas un avion qui pourrait survoler l'île ?...

Quoi, les communications sont coupées !...

Alors, on est complètement isolé ?...

Tout autour, à perte de vue, s'étendent les sables blancs
Elle a tout laissé, tout abandonné,
barques, galets, carapaces, pneus, bois morts
Les vagues ne frappent plus la digue
Les mouettes déboussolées ont quitté le rivage
Le ciel a perdu son miroir
Un silence de mort enchâsse la plage
Et des questions tournent en boucle dans les têtes...

Jusqu'où va cette immensité ?...

Peut-on avancer plus loin? Tenter de l'apercevoir ?...

Enroulé dans des couvertures, immobile, on passe la nuit à veiller, à scruter. Les yeux vissés au fond, à s'éclater la rétine. Les doigts machinalement agités sur les portables mutiques.
La peur s'insinue, qui distille son poison au travers des corps unis dans l'attente ; bloc de trouille pétrifié face à l'insondable désert.

Et si elle nous avait tendu un piège ?...
Si c'était une simple ruse ?...

Si elle décidait de revenir ... sans prévenir... comme ça... sur un nouveau coup de tête ?...

Peut-on imaginer qu'elle ait préparé un retour spectaculaire ? Qu'enhardie par son incroyable reflux - ce coup de magie – soudain elle déboule, monumentale et conquérante ! Qu'elle lance son galop comme une dératée, s'emballe, échevelée, écumant les sables. Ne retienne plus ses chevaux d'embruns enragés. Déferle en furie sur la plage, éventre sauvagement la digue, submerge la route, engloutisse les maisons, dévaste les champs, puis...

Mais taisez-vous donc !

Pourquoi ferait-elle ça ?...

On dirait que vous souhaitez qu'elle nous punisse !...

Oui, vous allez trop loin, vous et vos images de télé !...

Sérieusement, toute cette eau, elle est partie où ? Faut bien se l'expliquer tout de même ?...

C'est la lune qui décide des marées !

Mais... elle est... où... la lune... ce soir... ?

Elle a disparu, elle aussi.

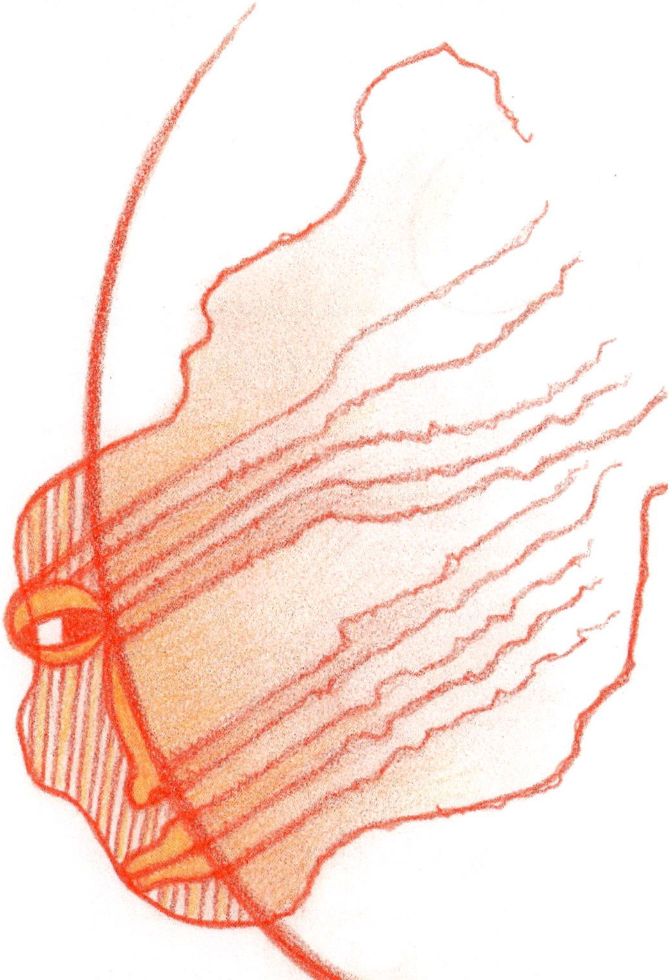

Myster Style

Telle une copie de la Vénus de Botticelli, Mister Style apparut debout dans les vagues, au creux d'un fabuleux coquillage. La différence majeure, outre la disparition des anges du tableau, tenait au fait qu'il portait un costume, une chemise et une cravate. Bref, il était habillé ! Grand, élégant, superbe, supérieur !

Nous quittâmes immédiatement nos serviettes de plage pour aligner nos pieds à l'ourlet d'écume et écarquiller les yeux. Mister Style n'était pas mouillé ! Seules quelques gouttes perlaient ça et là.

Il ne semblait ni fatigué ni étonné de voir qu'on s'étonnait de le voir. Tranquille, il s'avança, et l'eau lui arriva aux genoux. Quand il sortit de la mer, on remarqua qu'il avait gardé ses chaussures... Quelle classe ! Quel raffinement ! Quel gentleman !

Mister Style portait bien son nom, nom que je n'ai connu que plus tard car, à ce moment-là, il n'était qu'un improbable Botticelli imperméable.

On le suivit sur la plage
« Qui êtes-vous ?... »
« Un revenant »
« D'où venez-vous ?... »
« D'une page blanche »

... et il tourna les talons comme on tourne la page.

Certains d'entre nous avaient entendu « *plage blanche* » et interrogeaient la géographie des côtes.
D'autres soutenaient qu'il avait dit *« page »,* et qu'à coup sûr il s'agissait d'un être de papier.
Qui pouvait y croire... étant donné que le papier mouillé ramollit, se déforme, et finit par se dissoudre dans l'eau. Or cet homme, parfaitement sec, se tenait droit, imposant sa prestance et sa distinction. Un mystère à éclaircir...

On le rattrapa un peu plus loin. Aux questions il répondait
« Je ne sais pas...
Je ne décide rien...
Je ne suis pas le maître du jeu...
Je fais juste de la figuration, avec élégance, c'est mon état...
Je suis un exercice de style vous savez... ».

Mister Style s'exprimait simplement, sans pédanterie, sans prétention. Cependant il semblait inquiet pour son devenir. Après un épisode rocambolesque où il avait sauté du ciel et plongé dans les flots, il ne savait comment il s'était retrouvé chevauchant un coquillage ! Imprévisible destin de papier !

Quand on lui signala qu'une plume était fichée dans la boutonnière de sa veste, il dit « *Mon maître a dû l'oublier... Il est si rêveur ! Il a dû également m'oublier, car, visiblement mon rôle s'arrête. Je ne sais plus qui je suis... et n'ai plus rien à faire ici... Je vais devoir me retirer... Dommage, votre compagnie m'était agréable ! ».*

Cet homme était la courtoisie et l'abnégation incarnées. Il se savait inachevé, personnage errant, perdu dans les pages de celui qui était en train de s'énerver, de gribouiller pour tenter de le faire exister sous le soleil.

Le voici justement qui joue avec son stylo bille, un coquillage rose et une plume dont s'est délestée une mouette.

« Que faites-vous ? »

« Oh pas grand-chose !... J'écris des histoires, enfin, j'essaie… Je croyais pouvoir découvrir quelqu'un… et finalement je l'ai perdu… Mister Style n'existe pas, et ça me désespère ! Je l'ai beaucoup aimé !... Mais son raffinement était devenu indicible, indescriptible, vous comprenez ?... Un idéal que finalement je n'ai pu suivre… Je ne me suis pas senti à la hauteur de ses exigences.

Botticelli, c'était une belle idée n'est-ce pas ?... Ma dernière trouvaille ! Le grand style ! Le décor ! L'invraisemblance !

Il y avait ce personnage… mais il aurait pu ne pas y en avoir…

Que savons-nous de ceux qui apparaissent et qui disparaissent ?... »

Le mille-pattes

Jadis, créatures couvertes de poils, d'écailles, ou de plumes, nous allions avec les bêtes.
Nous allions de concert, protégés et forts.
Nous allions, fiers de nos parures, nous mesurant les uns aux autres et nous défiant.
Puis nous avons été séparés.

Qu'est-il arrivé ?...
Avons-nous quitté leur compagnie ?...
En avons-nous été exclus ?...

La mémoire de ce temps s'est perdue.
Nos fourrures, nos carapaces, et nos plumages sont tombés.
Nos protections, nos atours, et notre fierté ont disparu.

Notre peau s'est trouvée soudain nue, sensible, vulnérable. Le soleil n'a cessé de la brûler, la pluie de la transpercer jusqu'à l'os, le vent de la parcheminer, et nos semblables de vouloir... nous la faire !

De ce temps immémorial, persistent quelques poils, une pauvre crinière, des écailles au bout des doigts, et la chair de poule. Oui, nous avons froid et nous avons peur ! Nous tremblons pour notre peau et nous cherchons à la sauver.

Nos corps antérieurs nous ont échappé et nous hantent. Sans doute, pareils aux bêtes, demeurons-nous fidèles aux balbutiements du monde. Leurs ombres nous collent à la peau.

Nous soignons nos blessures avec notre salive, nous calmons nos plaies dans la mer, nous cicatrisons nos écorchures avec la terre, et avec les années, nous nous faisons du cuir, mais le grain n'est jamais assez épais.

Cependant, sous la finesse du derme, l'énergie première et la cruauté continuent de circuler, infiltrant nos cellules et nos fibres. Leurs tracés sournois se dessinent en transparence. Le sauvage y est inscrit. Toujours prêt à donner coups de patte, de griffe, de dent, ou de bec…

Dans nos villes en surchauffe, rien ne nous console du lointain combat où nous avons laissé des plumes. Nous sommes constamment aux aguets, méfiants et craintifs sous la légèreté du nylon et de la soie. Nous résistons mal aux affections de toutes sortes.

De ces temps lointains où nous marchions avec les bêtes,
de ce passé où nous nous côtoyions,
où nous partagions pelage-plumage-écailles,
de ces temps-là nos rêves s'ensauvagent.

Certains les écrivent et les slament pour remailler cette histoire, mais personne ne les entend !

Personne ne les entend, occupés que nous sommes à défiler, en rangs serrés, côte à côte et les uns derrière les autres, coincés dans nos sombres costumes, mémoire en peau de chagrin. Nous levons la même jambe en même temps, si bien que, du ciel, on voit progresser un gigantesque mille-pattes.

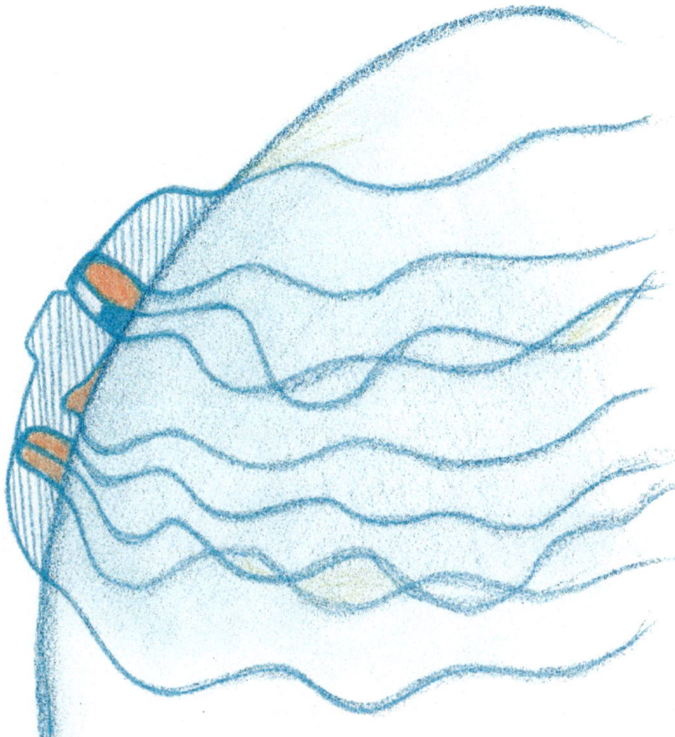

Dans la série « Échappée d'histoires »

I. Les planques

II. Les singuliers

III. Les peaux

IV. Les fuyants

V. Les volte-face

VI. Les esseulés

VII. Les sursauts

VIII. Les ailleurs

Printed by Amazon Italia Logistica S.r.l.
Torrazza Piemonte (TO), Italy

51650147R00040